MÉTRO

*À Paris, la plus belle
ville du monde.*
P. N.

25, avenue Pierre-de-Coubertin, 75013 Paris
ISBN : 978-2-09-255674-0
Loi n°49-956 du 16 juillet 1949
sur les publications destinées à la jeunesse,
modifiée par la loi n°2011-525 du 17 mai 2011.

Achevé d'imprimer en mai 2015 par Pollina (85400 Luçon, Vendée, France)-L72151
N° d'éditeur : 10207014 - Dépôt légal : juin 2015.

Lily mène l'enquête

Peggy Nille

Nathan

Ce matin, Lily arrive à Paris chez son cousin Paul, avec Mia, son inséparable chat.
Du balcon, ils observent 5 chats gris qui se baladent sur les toits.
Est-ce que tu les vois ?

Trouve aussi un avion en papier et des amoureux qui prennent leur petit-déjeuner.
Soudain, Paul et Lily aperçoivent une drôle de silhouette sur les toits…
– Et si c'était un voleur ? se dit Paul. Suivons-le !

Les voilà près du Sacré-Cœur. Il y a des tas d'escaliers…
et de peintres.
Mais un seul portrait de Lily ! Le vois-tu ?

– Regarde, s’écrie Paul. Le drôle de bonhomme est là !
Aide Lily à le trouver.
Et indique-leur où emprunter des vélos pour le suivre.
– Mais on ne peut pas partir sans Mia !
s’inquiète Lily. Où est-il encore celui-là ?

– Chouette, le quartier de Barbès, se réjouit Lily. Je vais m'acheter un boubou avec des ronds jaunes, un djembé (un instrument africain) et un ananas.
Trouve aussi une robe de mariée, un magasin de guitares électriques.
– Lily, là-bas ! crie Paul. Je vois notre homme sur un vélo.
Mais par quelles rues passer ? Il y a des voitures partout !

Sacs à Momo

À midi, tout le monde pique-nique au bord du canal Saint-Martin.
Paul compte 8 paniers de pique-nique, ça lui donne faim !
Mais Lily ne veut pas s'arrêter : il ne faut pas perdre la trace
de l'homme mystérieux.
C'est peut-être la fatigue, mais Paul voit 3 véhicules bizarres.
Et toi ? Mia, lui, voit son double ! Chat alors !

En attendant, l'inconnu des toits n'a pas l'air d'être là.
Si tu veux continuer à le chercher à vélo, suis Lily :
rendez-vous p. 16. Sinon, suis Paul dans le métro !

Léo & Nina
Chez Georgette
bateau
NY

Quelle bousculade à la station République !
Peux-tu aider Paul à retrouver son ticket ?
Une dame a perdu sa valise, un garçon son skate
et le musicien son accordéon.

Paul voit un loup… mais pas l'inconnu des toits.
– Allo Lily ? Rien par ici. Rendez-vous au grand magasin, p. 18.

Il pleut devant le centre Pompidou !
Trouve les paires de parapluies identiques : arc-en-ciel, bleus à pois rouges et rouges à pois blancs.
Lily remarque une petite fille avec une jolie robe zébrée.
Est-ce que tu la vois ?

Aide-la à retrouver son parapluie qui s'est envolé.
Et pour finir, trouve Mia et Lily.
Bravo ! Maintenant, direction le grand magasin !

Que c'est chic, ici ! Mais il se passe quand même de drôles de choses : une grand-mère essaie un chapeau rigolo, un ouistiti a volé la casquette du portier. Un petit garçon a perdu sa maman. Montre-lui quels escaliers emprunter pour la rejoindre ! Lily a vu une botte bleue à semelle rouge très jolie… mais pas de voleur !

Paul et Lily ont un peu faim : ils achètent 3 gâteaux et partent au jardin du Luxembourg !

Zut ! Paul et Lily ont fait tomber leurs gâteaux
à la pistache. Peux-tu les aider à les retrouver ?
Soudain, on entend : « Rattrapez-le ! »
– C'est sûrement notre homme ! s'écrie Lily.
Mais non ! C'est le gendarme qui cherche Guignol.
Tu es un bon enquêteur ? Alors à toi de jouer
pour retrouver la marionnette de Guignol et
la drôle de silhouette !

– Ça y est, dit Lily, je le vois ! Je suis sûre qu'il va au Louvre, p. 22.
– Et moi, répond Paul, je pense qu'il va au Jardin des Plantes, p. 24.
Et toi, tu décides de suivre qui ?

Paris
shop

Au Louvre, des œuvres se sont échappées : aide Lily à retrouver *La Joconde*, une statue grecque, un sarcophage. Des personnages historiques se promènent ; sauras-tu retrouver le Roi-Soleil et l'empereur Napoléon parmi les visiteurs ? Et pour finir, cherche la silhouette du voleur et ... celle de Mia !

Quel calme au Jardin des Plantes !
Pourtant, un lion, un perroquet et une girafe sont sortis de leur enclos.
Trouve le bon chemin pour les y reconduire. Mais attention, il y a des obstacles !
Et puis un animal a dérobé la casquette de Paul. La vois-tu ?

SORTIE

Lily et Paul se retrouvent sur l'île de la Cité pour manger une glace.
Peux-tu les aider à trouver le marchand de glaces ?
Et Mia, où est-il passé ?

Il court après 8 pigeons, est-ce que tu les vois ?
– Regarde, s'exclame Paul. Là-bas, sur la péniche, c'est notre homme !

Lily et Paul rattrapent enfin la silhouette mystérieuse, qui est en réalité… un photographe : il photographie la capitale !
– Vous êtes de sacrés enquêteurs, s'amuse-t-il.
C'est sûr, vous serez dans mon prochain livre ! D'ici là, aidez-moi à trouver 3 photos qui se sont envolées !

Paris est la ville de tous les amoureux : est-ce que tu vois les poissons amoureux et les pigeons qui s'embrassent ? Il y avait aussi des amoureux dans les pages précédentes, vérifie bien !

Bravo, merci de ton aide dans cette enquête et à bientôt !

METRO